# "El Deber Cristiano"

# "El Deber Cristiano"

La responsabilidad del Cuerpo de Cristo

Dora H Rodriguez

XULON PRESS

Xulon Press
2301 Lucien Way #415
Maitland, FL 32751
407.339.4217
www.xulonpress.com

A menos que se indique lo contrario, las citas bíblicas tomadas de La Reina-Valera - *dominio público*.

Edición de tapa blanda ISBN-13: 978-1-66283-575-9
Edición de libro electónico ISBN-13: 978-1-66283-576-6

# DEDICATORIA

A JESUCRISTO, MI Salvador, el cual me cuidó desde mi niñez, y me ha mostrado su amor. Quién me ayudó a sobrellevar diversas experiencias, y me ha llenado de su Espíritu. Ha hecho de mí una nueva persona, me ha dado un nuevo amanecer, y me ha llenado de una fresca unción.

# CONTENIDO

# Agradecimientos

A MI ESPOSO Eliseo y a mi hijo Eliseo II; los amo mucho. Gracias por su respaldo, los momentos que nos reímos hasta llorar, por las victorias que juntos logramos; y todo lo que nos queda por alcanzar juntos.

A la Profesora Montijo de Ciales, Puerto Rico, por su apoyo y su labor en revisar este proyecto.

# INTRODUCCION

## EL DEBER DEL CRISTIANO Y LA RESPONSABILIDAD DEL CUERPO DE CRISTO

SOMOS SALVOS POR fe a través del sacrificio de Jesús en la cruz. A través de su muerte, fuimos redimidos de la maldición del pecado. Jesús llevó nuestra culpa, tomando nuestro lugar en el castigo por los pecados, y recibiendo así la muerte. **"Mas Él herido fue por nuestras rebeliones, molido por nuestros pecados; el castigo de nuestra paz fue sobre Él, y por su llaga fuimos nosotros curados"** (**Isaías 53:5**). La entrada del pecado al mundo fue a causa de la desobediencia del hombre. **"Y vio la mujer que el árbol era bueno para comer, y que era agradable a los ojos, y árbol codiciable** para alcanzar la sabiduría; y **tomó de su fruto, y comió; y dio también a su marido, el cual comió así como ella. Y oyeron la voz de Jehová Dios que se paseaba en el huerto, al aire del día; y el hombre y su mujer se escondieron de la presencia de Jehová Dios entre los árboles del huerto"** (Génesis 3:6, 8). Así es como se introdujo el odio, la envidia, los celos y otros pecados. **"Y dijo Caín a su hermano Abel: Salgamos al campo. Y aconteció que estando ellos en el campo, Caín se levanto contra su hermano Abel y lo mató"** (Génesis 4:8). El pecado se hacía mayor y el hombre no se tornaba a Dios. Dios vio la maldad y quiso terminar con el mal.

**Y se corrompió la tierra delante de Dios, y estaba la tierra llena de violencia. Y miró Dios la tierra, y he aquí que estaba corrompida; porque toda carne había corrompido su camino sobre la tierra. Dijo, pues, Dios a**

**Noé: "He decidido el fin de todo ser, porque la tierra está llena de violencia a causa de ellos; y he aquí que yo los destruiré con la tierra. Y he aquí que yo traigo un diluvio de aguas sobre la tierra, para destruir toda carne en que haya espíritu de vida debajo del cielo; todo lo que hay en la tierra morirá. Génesis 6:11-13, 17**

Así, después, se volvió a llenar la tierra y el pecado a enseñorearse del hombre. Para la remisión de pecados, envió Dios a su hijo, para que a través de ese sacrificio gocemos de vida abundante. **"Porque de tal manera amó Dios al mundo, que ha dado a su Hijo unigénito, para que todo aquel que en Él cree, no se pierda, más tenga vida eterna"** (**Juan 3:16**). Durante el ministerio de Jesús en la tierra, Él habló y ministró en varias y diversas formas. Muchos le criticaron y no le quisieron oír o aceptar. Jesús llegaba al lugar donde había necesidad. Jesús deseaba dar esperanza y vida a los que la necesitaban. Jesús miraba a lo profundo de las personas. Él llegaba al área de la gran necesidad. A la mujer samaritana, todos en el pueblo la despreciaban. Conocía su condición, pero nadie le aclaraba con amor la necesidad de cambiar; sólo recibía desprecios. Más cuando llegó Jesús, Él habló con ternura, amor, y comprensión. No condenó, no acusó a la mujer. Así ganó su corazón, y llegó la mujer a ser una 'evangelista', porque dio testimonio y habló del gran milagro que sucedió en ella. Jesús con amor, habló a la mujer tomada en adulterio y le dijo: "¿Donde están los que te condenan? Yo tampoco te condeno, vete y no peques más" (véase Juan 8:10-11).

El pecado aún está a nuestro alrededor, y a causa del pecado hay personas en necesidad. Como cuerpo de Cristo e iglesia de Dios, nosotros vamos a llenar esa necesidad con la palabra y el amor de Dios. Dios nos ha dado poder y nos ha llenado de gracia para arrebatarle al enemigo lo que le pertenece a Dios.

"**Mira que te he puesto en este día sobre naciones y sobre reinos, para arrancar y para destruir, para arruinar y para derribar, para edificar y para plantar**" (Jeremías 1:10).

Para alcanzar estas almas, tenemos que estar en acuerdo con Dios. O sea, debemos obrar según Él nos manda. Veremos en este proyecto las diferentes maneras que podemos ayudar a las personas a nuestro alrededor, y a las que se allegan a la iglesia. Es nuestro deber acercarnos a estas vidas y brindarles el amor que Dios nos ha brindado. Ahora, es muy fácil decir, "Yo quiero trabajar para el Señor y hacer todo lo que Él quiere." Pero cuando no podemos abrazar a una persona, por la razón que sea, ¿estamos listos para trabajar para el Señor? Si estamos en la iglesia, y una persona visitante se nos acerca y no le podemos saludar con amor genuino, que la persona sienta que en esta iglesia le quieren o le aceptan, que la persona pueda decir: "¡qué bien me sentí, quiero regresar!"; ¿estamos listos para trabajar para el Señor? Aun con los miembros de la misma congregación tenemos diferencias, porque *esa* o *aquella* persona es *así* o es *tal* y no cuadramos bien. ¿Estamos listos para trabajar por el Señor? A ninguno nos gusta sentirnos fuera de lugar. Nos gusta sentirnos a gusto cuando estamos en el lugar que sea. Entonces, como hijos de Dios y ya creyentes, seamos más comprensibles a los sentimientos de los demás.

Quiero expresar ciertas áreas de gran necesidad entre el pueblo cristiano. Es algo que nos puede ayudar a tratar a las personas como Dios desea: con amor, con palabras de aliento, y de paz. Me gusta mucho el versículo de **Proverbios 18:21: "La muerte y la vida están en el poder de la lengua, y el que la ama comerá de sus frutos."** Mi deseo es poder ser un instrumento de paz a otros y que el nombre de Jesús sea exaltado. Que pueda yo, con mis experiencias y lo que he aprendido, ayudar a los que han dejado en la parte de atrás, en el olvido y no son reconocidos. Dios nos ama a todos, somos su creación. Tenemos que ayudar a otros a ser hijos y mantenerlos en la familia; instruirlos y no maltratarlos. **"Amados, amémonos unos a otros; porque el amor es de Dios. Todo aquel que ama, es nacido de Dios, y conoce a Dios" (1 Juan 4:7).**

# Capítulo Uno

# El Deber Del Cristiano

## Sección A: SENSIBLES AL NECESITADO

Definición de *necesidad-*

Si soy sensible a la necesidad de otros, es porque tengo la capacidad de ver y dar lo que hace falta.

*** ver - Porque estoy unida al Espíritu de Dios que todo lo ve.

*** dar - Por la misma razón de unidad con Él que todo lo provee... no soy yo, sino Dios, quien le proveerá.

A DIARIO, NOS encontramos con personas necesitadas. Nos tomamos la libertad de no extenderles la mano, por una conclusión que nos hemos hecho ya en nuestra mente. Ya concluimos y razonamos el porqué de la condición de esa persona. Jesús, sabiéndolo todo, se llegaba a las personas y sin distinción alguna, tocaba lo profundo de su ser con sólo su mirada tan sublime o con sus pocas palabras, llenas de compasión. No somos quienes para juzgar ni analizar a nuestra propia idea. Somos siervos en el evangelio de Dios, y nuestro deber es allegarnos y conocer un poco la situación de la persona, ayudar en lo que podamos y buscar los medios para que la persona reciba lo que necesite. Así sea una llamada telefónica, y obtener información para suplir la necesidad del amigo o hermano.

Dios nos habla en su Palabra: **"Sobrellevad los unos las cargas de los otros, y cumplid así la ley de Cristo" (Gálatas 6:2).** Al hermano, debemos extenderle la mano. Nosotros miramos todo lo que nos rodea con nuestros ojos naturales. Recibimos lo que vemos tal y como es. Pero, si tomamos la aventura de diagnosticar y evaluar lo que vemos, vamos a descubrir algo más. Mirar un libro por encima nos da una idea superficial de lo que pueda contener ese libro. Si abrimos y leemos sus páginas, nos dará algo más de lo que ya habíamos concluido.

Así es con las personas. Todos tenemos el deseo de ser aceptados, admirados o sólo reconocidos. Cuando nos allegamos a las personas, les estamos brindando compasión, amistad y la aceptación. Debemos de hacer una pausa y pensar cómo nos sentiríamos en su lugar.

Aunque no seas una persona social, que no te guste estar rodeada de personas, imagínate como te sentirías si nadie te tomara en cuenta. ¿No crees que sería triste que nadie te diera un saludo?

Ser sensibles a los demás es esencial. Personas nos rodean cada día, a quienes con solo un saludo y una sonrisa le levantamos los ánimos. Dios es amor. En su amor hay compasión, y en su compasión hay aceptación. **"No nos cansemos, pues, de hacer bien; Porque a su tiempo segaremos, si no desmayamos. Así que, según tengamos oportunidad, hagamos bien a todos, y mayormente a los de la familia de la fe" (Gálatas 6:9-10).** Extiéndele la mano al que está a tu lado; posiblemente sea lo que lo anime en ese momento.

# Sección B: CUIDAR AL CUERPO

Cuando definimos la palabra *cuerpo*, también indicamos unión y comunicación; lo que nos hace ver muy claramente que cualquier cosa que le suceda a cualquier parte del cuerpo, no ha de ser indiferente al resto del mismo. Todo el cuerpo se duele.

En las congregaciones, tenemos hermanos del cuerpo que muchas veces pasamos por alto. En muchas ocasiones, estos hermanos no anuncian su necesidad por vergüenza o por temor. Si nosotros, como un solo cuerpo no cuidamos de nuestros miembros, nos estamos lastimando a nosotros mismos.

**"Porque así como el cuerpo es uno y tiene muchos miembros, pero todos los miembros del cuerpo, siendo muchos, son un solo cuerpo, así también Cristo. Porque por un solo Espíritu fuimos todos**

bautizados en un cuerpo, sean judíos o griegos, sean esclavos o libres; y a todos se nos dio a beber de un mismo Espíritu... Pero ahora son muchos los miembros, pero el cuerpo es uno solo... Antes bien, los miembros del cuerpo que parecen más débiles, son los más necesarios; y a aquellos del cuerpo que nos parecen menos dignos, a estos vestimos más dignamente; y los que en nosotros son menos decorosos, se tratan con más decoro. Porque los que en nosotros son más decorosos, no tienen necesidad; pero Dios ordeno el cuerpo, dando más abundante honor al que le faltaba, para que no haya desavenencia en el cuerpo, sino que los miembros todos se preocupen los unos por los otros. De manera, que si

un miembro padece, todos los miembros se duelen con él, y si un miembro recibe honra, todos los miembros con él se gozan. Vosotros, pues, sois el cuerpo de Cristo, y miembros cada uno en particular."
1 Corintios 12:12-13, 20, 22-27

Quiero hacer notorio que los que en muchas ocasiones sufren más dentro del cuerpo son mujeres. Muchas veces sufren en silencio. Pasan semanas sin alimentos suficientes o dinero para cubrir las necesidades del hogar. Hay que ser sensibles y cuidar al cuerpo. Estas mujeres son parte del cuerpo; sus hijos son parte del cuerpo. Sus necesidades son las nuestras. Hay muchas congregaciones que tienen un programa de ayuda, pero hay otros que todavía les queda moverse y actuar. Hay mucha necesidad, y como un solo cuerpo vamos a cuidar del mismo.

Las necesidades no solo son financieras. Hay miembros que necesitan apoyo espiritual, ayuda familiar, en el matrimonio, con los hijos, alguna debilidad o adicción. Son diversas circunstancias las que sufren nuestros miembros, y debemos estar listos, preparados para levantar estas cargas; para que sean libres de ansiedades y ataduras.

Para cada persona, hay un problema. Para cada problema, Dios tiene una solución. Quiero enfatizar un poco en la mujer. Las mujeres muchas veces son las que más sufren. Son las que, por lo natural, llevan toda la responsabilidad del hogar. En ocasiones, tienen que demostrar un carácter fuerte para poder llevar el timón de los problemas y cosas del hogar. Siendo que ellas pueden ser las más frágiles, tenemos que mirar un poco a su pasado. No seamos tan rápidos a echar las personas a un lado. Lleguemos a conocerlas. Primero, brindemos amor y amistad. Puede ser que logremos rescatar a alguien de un estado de depresión, o de algún problema que esté confrontando. No sabemos si esta persona está sufriendo de una baja autoestima a causa de abuso de niño, violación, abuso doméstico o un divorcio. Unas de las cosas que afectan tanto hoy es el divorcio, y mayormente entre las mujeres; quienes deseaban tener un hogar bello, feliz, y tranquilo. Toda niña sueña con tener su casa y arreglarla y sueña con tantas cosas lindas. Pero al verse frente a un divorcio, no ve la separación; ve la destrucción de todo lo que pensó y deseó tener.

Unos de los elementos para curar estas heridas es el Espíritu Santo. Es triste cuando no intentamos ayudar en esta área. Estas mujeres necesitan un toque de Dios y el toque humano. Recordemos lo que dice en **Gálatas 3:28: "Ya no hay judío ni griego; no hay esclavo no libre; no hay varón ni mujer; porque todos vosotros sois uno en Cristo Jesús."** Este versículo nos habla de unidad e igualdad. Dios no hace excepción de personas. Buscamos maneras de saber qué podemos hacer para Dios y cómo lo podemos hacer. Dios desea que nos acerquemos a Él y a nuestros hermanos. ¿Cómo podemos llegar a la meta y cómo vamos a realizar lo que Dios nos ha encomendado? La obediencia y el crecimiento espiritual tienen mucho que ver en como funcionamos en el ministerio. El amor entre los hermanos también es muy importante para el crecimiento individual y congregacional.

# Sección C: NO JUZGUÉIS

¿Qué se entiende por juzgar?

Juzgar -Tomar decisión de autoridad después de deliberación.

La habilidad de tomar una decisión sabia o hacerse una opinión.

Una acción prejudicial - **"Cuando vio esto, el fariseo que le había convidado, dijo para sí, 'Este [refiriéndose a Jesús], si fuera profeta, conocería quién y qué clase de mujer es la que le toca, que es pecadora'"** (Lucas 7:39).

Bajo una circunstancia - **"aconteció que entró él [José] un día en casa para hacer su oficio, y había nadie de los de casa allí. Y ella [la esposa de Potifar] lo asió [agarró] por su ropa, diciendo: "Duerme conmigo". Entonces él dejó su ropa** en las manos de ella, y huyo y salió" (**Génesis 39:10-20 v 11 y 12**).

Opinión - "**Entonces los escribas y los fariseos comenzaron a cavilar, diciendo: ¿Quién es este [refiriéndose a Jesús] que habla blasfemias? ¿Quién es éste que habla blasfemias? ¿Quién puede perdonar pecados, sino, sólo Dios?**" (**Hechos 5:17-26 v 21**).

Llegan a nuestras congregaciones personas, que por lo general conocemos, que traen una vida no agradable con ellos. Es nuestra responsabilidad de recibir y hacer sentir bienvenidas a estas personas. "**Venid a mi todos los que estáis trabajados y cargados, y yo os haré descansar**" (**Mateo 11:28**).

Nosotros estamos para servir a nuestra comunidad y traer las almas a Dios. Es nuestra labor como siervos del Padre Celestial amar a los que andan sin salvación, sin conocimiento del Evangelio de Cristo, buscarlos y rescatarlos del mal. Cuando lleguen a las puertas del templo, tenemos que recibirlos con afecto, darles la bienvenida con gozo y regocijo. Porque nosotros, en nuestra unidad con el Espíritu de Dios, no podemos más que sentirnos constantemente gozosos y trasmitirlo en cada sentimiento, pensamiento, palabra y acción, sabiendo que se acerca un alma más a los atrios de la casa de Dios. Sólo el poder del Espíritu los transformará, pero nosotros encendemos el ambiente.

Personas llegan cargadas con problemas, situaciones o enfermedades. Un saludo y una bienvenida al entrar por las puertas, les cae muy bien. Ya el poder de Dios va trabajando, y así llegan a sus asientos con un camino abierto para recibir y ser libres. ¡Amén!

**"No juzguéis según las apariencias, sino, juzgad con justo juicio"** **(Juan 7:24).**

# Capítulo Dos

# Palabras Con Sabiduría

---

## Sección A: LA PALABRA SUAVE

**"La blanda respuesta quita la ira; mas la palabra áspera hace subir el furor" (Proverbios 15:1).**

LA PALABRA ES el medio de comunicación más poderoso que cualquier persona puede usar. Dios la usa con poder espiritual. Nosotros tenemos la creación que nos rodea hecha por la palabra.

La condición de la palabra suave o violenta tiene poder e intención, y con seguridad va a afectar bien o mal a quien la reciba. Pues, la palabra entra, y de nosotros sale una respuesta.

En ocasiones, tendremos personas que se nos acerquen con preguntas o algún problema. La manera que le respondemos será el resultado de bendición o maldición a la persona. Podemos maltratar a las personas sin darnos cuenta o sólo por ser descuidados. **"La lengua de los sabios adornará la sabiduría; mas, la boca de los necios hablará sandeces" (Proverbios 15:2).** En su ministerio en la tierra, el Señor hablaba directo a las personas, pero siempre con palabras suaves. Los que se ofendían con el Señor, era porque no le creían y querían causar escándalos.

En la raza humana hay personas de diferentes caracteres; unos hablamos con voz muy suave, y otros con voz más ruda. Aún así, no se use eso como excusa para ser ásperos y desconsiderados a los sentimientos ajenos. En todo tiempo estamos representando a Dios. **"La lengua apacible es árbol de vidas; Mas, la perversidad de ella es quebrantamiento de espíritu"** (Proverbios 15:4).

Tratemos a las personas con respeto y amor. Sobre todo, al llevar el Evangelio de Dios, debemos andar siempre con amor. Antes que una persona hable "palabras con sabiduría" necesita madurar; en otras palabras, necesita alcanzar a la "perfección". **Santiago 3:2 dice: "Porque todos ofendemos muchas veces. Si alguno no ofende en palabra, éste es varón perfecto, capáz también de refrenar todo el cuerpo."**

> **"Pero el alimento sólido es para los que han alcanzado madurez, para los que por el uso tienen los sentidos ejercitados en el discernimiento del bien y del mal"** (Hebreos 5:14).

> **"Sin embargo, hablamos sabiduría entre los que han alcanzado madurez; y sabiduría, no de este siglo, ni de los príncipes de este siglo, que perecen"** (1 Corintios 2:6).

La persona que ha alcanzado madurez sabe quién es y para qué vive. Toda persona madura debe tener bien claro esto: La persona que ha alcanzado madurez sabe aceptar la responsabilidad de sus acciones.

> **"Tu camino y tus obras te hicieron esto; esta es tu maldad, por lo cual amargura penetrará hasta tu corazón"** (Jeremías 4:18).

La persona que ha alcanzado madurez sabe recibir autoridad y la sabe usar; sabe tener autoridad y sabe estar bajo autoridad.

"Llevad mi yugo sobre vosotros, y aprended de mí, que soy manso y humilde de corazón; y hallaréis descanso para vuestras almas" (Mateo 11:29).

"Y Jesús se acercó y les habló diciendo: "Toda potestad me es dada en el cielo y en la tierra" (Mateo 28:18).

"Todas las cosas me fueron entregadas por mi Padre; y nadie conoce al Hijo, sin el Padre, ni al Padre conoce alguno, sin el Hijo, y aquél a quien el Hijo lo quiera revelar" (Mateo 11:27).

La autoridad que podamos tener no nos da el derecho de ser insensibles con los demás. Cristo fue tierno y amó a todos por igual. Sus palabras eran palabras dulces, llenas de compasión, de amor y de comprensión. Así que, si vamos a tener autoridad sobre otros, o ser líderes, seamos e1 ejemplo de Cristo, no el fantasma. En la palabra, e1 Señor nos dice: **"ser imitadores de mí."** Solo lo podemos hacer si en verdad le imitamos a Él.

# Sección B: LAS "HERIDAS" NO CICATRIZAN FÁCILMENTE

En una ocasión, hubo un niño que tenía mal temperamento. Su padre le entregó un saco con clavos y le dijo al niño que cuando se le subiera el temperamento, tomara un martillo y clavara los clavos en la verja de madera en el patio. El primer día, el niño clavó treinta y siete clavos, y poco a poco se fue disminuyendo la cantidad de clavos clavados. Se dio cuenta que era mejor aguantar un poco el temperamento que estar martillando esos clavos. Finalmente, llegó el día cuando ya no tenía el mal carácter. Le contó al padre, y el padre le sugirió que ahora por cada día que no tuviera mal carácter, sacara un clavo de la madera.

Pasaron días, y el niño, por fin, le pudo decir al padre que todos los clavos estaban fuera. Tomó el padre al niño por la mano y lo llevó a la cerca. "Bien has hecho hijo, pero mira los hoyos en la madera. Esta madera jamás será igual." Cuando hablas y dices cosas con coraje, estás dejando cicatrices como éstas. Puedes tomar un puñal, apuñalar a alguien, y sacar el puñal. No importa cuántas veces digas: "Lo siento", la herida todavía esta ahí. Una herida verbal es tan fatal como las físicas.

Heridas - Experimentar dolor, experimentar dolor emocional, causar daño.

Las personas levantan una pared para protegerse de las heridas, pero lo que han construido es una prisión emocional para sí mismas. Se han aislado de todo lo que les rodea. Aunque están físicamente entre la multitud, están solos. Se cuidan de no decir mucho o de que otros se les acerquen. No expresan lo que sienten, y todo lo cubren. (En términos médicos, heridas que están cubiertas no sanan bien.) Hay que cuidarnos de no ser culpables de herir las personas al extremo de destrucción. Pensemos algo así: *"Padre, ayúdame a frenar mi lengua, para que en el día del juicio no sea hallado culpable de asesinato con un arma mortal."* Es más fácil recuperar de un golpe físico que un golpe verbal. Vamos a tocar estas vidas con palabras de esperanza y aliento. Puede que sea la única vez que las escuchen.

Las personas son joyas preciosas, en verdad. Podemos brindarles una sonrisa y animarles a que prosperen. Podemos escucharles y darles palabras de aliento, y siempre van a querer abrir sus corazones. **"La muerte y la vida están en poder de la lengua, y el que la ama comerá de sus frutos" (Proverbios 18:21). "Los labios justos son el contentamiento de los reyes, y estos aman al que habla lo recto" (Proverbios 16:13).** Tengamos cuidado con nuestras palabras.

Hay un arma mortal. No sólo destruye a la persona a quien se le apunta, puede eventualmente destruirnos a nosotros. Es muy fácil apuntar esta arma a otros, pero que ni se atrevan a apuntar hacia nosotros. Muchas personas han sido heridas, e incluso impedidos. Personas han sido destruidas al punto de poca o ninguna recuperación. Luego los miramos y nos atrevemos decir: "y mira eso; no está mostrando una vida cristiana." **"Así también la lengua es un miembro pequeño, pero se jacta de grandes cosas. He aquí, ¡cuán grande bosque enciende un pequeño fuego! Y la lengua es un fuego, un mundo de maldad. La lengua está puesta entre nuestros miembros, y contamina todo el cuerpo, e inflama la rueda de la creación, y ella misma es inflamada por el infierno"** (Santiago 3:5-6).

> **"La muerte y la vida están en poder de la lengua, Y el que la ama comerá de sus frutos" (Proverbios 18:21).**

La Biblia habla que la lengua es un miembro malo: **"Pero ningún hombre puede domar la lengua, que es mal que no puede ser refrenado, llena de veneno mortal" (Santiago 3:8).** También es un instrumento de fuego, como leímos en Santiago 3:5-6.

Pensemos como una persona es destruida por los constantes comentarios, chismes, señalamientos. ¿Quién nos dio el derecho de juzgar? El único que acusa que conozco es Satanás. Pero Cristo va al Padre y habla por nosotros. "*Él/Ella está limpio, Yo morí por él/ella. Él/Ella está cubierto con la sangre del Cordero.*" Hable "vida" el uno al otro. Levantemos el uno al otro. Así podemos animarnos. La palabra nos dice en **Isaias 54:17:**

> **"Ningun arma forjada contra ti properará, y condenarás toda lengua que se levante contra ti en juicio. Ésta es la herencia de los siervos de Jehová, y su salvación de mí vendra, dijo Jehová."**

> **"¡Oh Jehová, cuánto se han multiplicado mis adversarios! Muchos son los que se levantan contra mí. Muchos son los que dicen de mí: No hay para él**

**salvación en Dios. Mas tú, Jehová, eres escudo alrededor de mí; Mi gloria, y el que levanta mi cabeza" (Salmos 3:1-3).**

**"En Dios alabare su palabra; En Dios he confiado; no temeré; ¿Que puede hacerme el hombre?" (Salmos 56:4).**

**"Hijitos, vosotros sois de Dios, y los habéis vencido; porque mayor es el que está en vosotros, que el que está en el mundo" (Salmos 56:4).**

Yo voy a hablar "vida" y no acepto que me hablen muerte. Así que digamos así: "Como ministro de Cristo, líder, voy a hablar vida a los que me rodean. No hablaré falsas acusaciones. Veré a mi hermano como Dios lo ve. Amaré a la persona a mi lado. Hablaré 'vida', no importa que nacionalidad sea, no importa que grueso o delgado sea, no importa el color de su piel, no importa que rico o pobre, lo educado o la falta de educación escolar tenga. Amaré a mi prójimo, así como Jesús me ama." Podemos hablar muerte y destruir a alguien, o hablar vida y levantar a alguien y bendecirlo. En ocasiones cuando nos ofenden, hay heridas que toman raíz entre nosotros mismos, que causan grandes efectos en nuestras propias vidas. Muchas veces los que ofenden son aquellos que llevan dolor y heridas entre sí, y como no han logrado ser libres de estas opresiones, se desquitan su dolor en el más sencillo (vulnerable).

Quiero enfatizar sobre la madurez aquí también. Porque después de ser herido, hay que buscar la manera de superar, olvidar y perdonar. El perdón bíblico es el que cumple con la premisa, que cuando perdonamos, soltamos y desatamos a la persona o personas que nos han hecho mal. **"No hace nada indebido, no busca lo suyo, no irrita, no guarda rencor" (1 Corintios 13:5).** La persona madura no trata de poseer.

El verdadero amor sólo tiene una demanda: "No demanda nada". Se atreve a amar sin estar pendiente de ser o no ser amado. **"En esto consiste el amor: no en que nosotros hayamos amado a Dios, sino, en que Él nos amó a nosotros, y envió a su Hijo en propiciación por nuestros pecados" (1 Juan 4:10).** Debemos procurar la madurez cristiana para alcanzar lo que Dios tiene prometido a sus hijos.

He leído varios libros que me han ayudado a perdonar y a sacar de dentro de mí todas las heridas que me habían hecho durante tantos años. Una amiga me habló acerca de un libro (en inglés) *A Women's Guide to Spiritual Warfare [Una guía para la mujer de la guerra espiritual].* Me compré el libro, y con las primeras páginas el Espíritu de Dios ya estaba obrando en mí. Hubo un capítulo relacionado al ejercicio de orar por la persona (o las personas) que ha causado dolor en mí, y lo hice. Yo creo que Dios fue rompiendo esa pared que yo había levantado para protegerme, que ahora reconozco era una prisión personal mas que me rodeaba. Terminé este libro, pero encontré otros más: *Women Thou Art Loosed [Mujer, eres libre]*, y *Daddy Loves His Girls [El Padre ama a sus niñas]*, por T.D. Jakes. También me sirvieron de gran ayuda los videos de T.D. Jakes. Recuerdo que desde Chicago me enviaron una serie de mensajes titulados *"Tu Imagen Interior"* por el pastor Nahum Rosario. Esta serie hizo despertar en mí lo que yo sabía que era, pero otros me habían encerrado. Esta serie habló tan directo en mí, que yo pude reconocer que Dios sí me amaba; y que yo sí era algo especial para Él.

Después de escuchar esta serie, recibí las fuerzas necesarias para no aceptar las palabras negativas de las personas, sean de la familia, vecinos, compañeros de trabajo, o de la iglesia. Dios estaba ya levantando a su preciosa hija, y yo lo sentía, y no iba a permitir que me hirieran más. Por estas experiencias mismas, trato de no ofender, y si por acaso ofendo, me allego a la persona y le pido perdón. No quiero ser culpable de la destrucción de un alma por un gesto o una expresión sin culpa. Mi deseo es ayudar a otros a levantarse, porque sé que sí se puede.

Por esa razón debemos hablar con sabiduría. Sólo de esa manera podremos hablar palabra suave. La persona que no ha alcanzado madurez lastima con sus palabras, y casi siempre deja heridas. Lo triste del caso es que las heridas se curan, pero quedan cicatrices.

# CAPITULO TRES

# EL ABUSO MINISTERIAL

## SECCIÓN A: EL ALTAR

SEGÚN LA CONCORDANCIA bíblica, "EI Altar" lleva varios nombres: "Alto; Casa; Ofrenda; Sacrificio; Santuario; Templo." Llegarse al altar es símbolo de reconocimiento, que por gracia de Dios nos es dado, y sabemos que allí podemos ser recibidos, oídos, y obtener respuesta. Es el lugar donde podemos despojarnos de todo dolor o angustia, recibir un nuevo comienzo, restaurarnos y renovarnos.

**Subió, pues, Salomón allá delante de Jehová, al altar de bronce que**

estaba en el tabernáculo de reunión, y ofreció sobre el mis holocaustos" (2 Corintios 1:6).

"Entraré al altar de Dios, al Dios de mi alegría y de mi gozo; y te alabaré con arpa, oh Dios, Dios mío" (Salmos 43:4).

"¡Cuán amables son tus moradas, oh Jehová de los ejércitos! Anhela mi alma, y aun ardientemente desea los atrios de Jehová; Mi corazón y mi carne cantan al Dios vivo. Aun el gorrión halla casa, y la golondrina nido para sí, donde ponga sus polluelos. Cerca de tus altares, oh Jehová de los ejércitos, Rey mío, y Dios mío" (Salmos 84:1-3).

"Y está otra vez haréis cubrir el altar de Jehová de lágrimas, de llanto, y

**de clamor; así que no miraré más a
la ofrenda, para aceptarla con gusto
de vuestra mano" (Malaquías 2:13).**

El altar es un lugar de rendimiento, pues vamos sólo a recibir lo que Dios nos quiera dar. No vamos a oponernos; nos rendimos totalmente a su voluntad en una entrega total; física, de obediencia, pensamiento, palabra y acción. Nos acercamos a Dios con el anhelo de recibir de Él. En su Palabra, Dios nos promete una vida mejor, donde los problemas tienen solución, y hay esperanza cuando vemos que ya no hay solución.

En su palabra, Dios nos promete estar con nosotros. **"Nadie te podrá hacer frente en todos los días de tu vida; como estuve con Moisés, estaré contigo; no te dejaré, ni te desampararé" (Josué 1:5).**

**"Aunque un ejército acampe
contra mí, No temerá mi corazón;
Aunque contra mí se levante**

guerra, yo estaré confiado. Una cosa he demandado a Jehová, ésta buscaré; Que esté yo en la casa de Jehová todos los días de mi vida, para contemplar la hermosura de Jehová, y para inquirir en su templo. Porque El me esconderá en su tabernáculo en el día del mal; me ocultará en lo reservado de su morada; sobre una roca me pondrá en alto... Aunque mi padre y mi madre me dejaran, con todo, Jehová me recogerá." Salmos 27:3 -5, 10.

Así que tenemos por confianza, llegarnos al altar porque ahí está Dios. El altar, para muchos, es un lugar donde sólo se llega para estar en la presencia de Dios. Compartiendo unas verdades, yo recuerdo que aun yo misma llegaba al altar con un poco de temor. Se hablaba de que sólo los que estuvieran bien con el Señor podían llegarse al altar. Pero

Dios no nos pone impedimentos. En su Palabra misma, nos dice: **"Venid a mí todos los que estáis trabajados y cargados, y yo os haré descansar"** (**Mateo 11:28**).

> **"Pero yo cantaré de tu poder, Y alabaré de mañana tu misericordia; porque has sido mi amparo y refugio en el día de mi angustia. Fortaleza mía, a ti cantaré; porque eres, oh Dios, mi refugio, el Dios de mi misericordia" (Salmos 59:16-17).**

No podemos permitir que las circunstancias o problemas nos hagan alejarnos del altar de Dios. Si ponemos nuestra confianza en Él, nos dará las fuerzas para seguir adelante.

> **"Alma mía, en Dios solamente reposa, Porque de Él es mi esperanza. Él solamente es mi roca**

y mi salvación. Es mi refugio, no resbalaré" (Salmos 62:5-6).

"He aquí, no se adormecerá ni dormirá el que guarda a Israel. Jehová es tu guardador; Jehová es tu sombra a tu mano derecha. El sol no te fatigará de día, Ni la luna de noche. Jehová te guardará de todo mal; Él guardará tu alma. Jehová guardará tu salida y tu entrada desde ahora y para siempre" (Salmos 121:4).

Llegamos al altar de Dios para renovarnos y recaudar fuerzas. Cuando tenemos montañas que nos impiden acceso a Dios, tenemos que ser fuertes. No andemos alrededor de estas montañas; sino, hablarles en el nombre de Jesús. No hay nada que nos impida llegarnos a Dios. El altar está para todos. Dios quiere gente que le adore en verdad. No hay temor en llegarnos al altar. Adoración, acción de gracias y devoción pertenecen a Jehová, el Santo y Todopoderoso Dios. La adoración es, además, una necesidad y un privilegio para el pueblo de Dios. Éste necesita experimentar la comunión con Dios, y a través de la adoración expresar sus anhelos, sus alabanzas y sus peticiones al Señor.

Asumiendo la realidad de la fe cristiana, es completamente natural que nosotros como cristianos deseáramos tener un santuario para adorar y tomar participación en el servicio congregacional de adoración; pero que no se olvide reconocer a Jesús como Señor y Dios.

# Sección B: MENSAJES DESTRUCTORES

> **"Si alguno habla, hable conforme a las palabras de Dios; si alguno ministra, ministre conforme al poder que Dios da, para que en todo sea Dios glorificado por Jesucristo; a quien pertenecen la gloria y el imperio por los siglos de los siglos. Amén" (1 Pedro 4:11).**

En ocasiones queremos traer un mensaje para hacer cambios en la congregación: familias, esposos y esposas, etc. De la manera que se exponen estos "mensajes," pueden ser causa de destrucción personal. Cuando nos dirigimos a un grupo específico, tengamos cuidado de las palabras y expresiones que usamos. He sido testigo de mensajes destructores los cuales me han dado una mala impresión de esa persona; y lo que expresó, me afectó. Si causó efecto en mí y me he podido mantener, ¿qué sería de los que escucharon, y les afectó de tal manera que hoy no asisten al templo, y su relación con Dios está débil? Estudiemos bien lo que vamos a decir o enseñar para que Dios reciba gloria y no desprecio.

> **"Cada uno según el don que ha recibido, minístrelo a los otros, como buenos administradores de la multiforme gracia de Dios"** (1 Pedro 4:10).

> **"Y ante todo, tened entre vosotros ferviente amor; porque el amor cubrirá multitud de pecados"** (1 Pedro 4:8).

He sido testigo de mensajes donde las mujeres de la congregación han sido ofendidas. En el tal mensaje, la persona habló de aspectos femeninos como la apariencia y el comportamiento. Su forma de expresión fue cruel hacia las mujeres y las trató como lo mas vil; y había que construir algo mejor.

En toda congregación hay mujeres que visten de lo mejor y se peinan con los últimos estilos; y también hay mujeres que no pueden ir al extremo, pero lucen bien y elegantes (sobre todo, aclaro este punto porque soy mujer). También ofenden con mensajes dirigidos al vínculo familiar.

Propongo yo, si estas personas no están capacitadas en estas áreas, deben mantenerse fuera de hablar sobre esos temas o asegurarse de tener la unción y dirección de Dios para dirigirse a la congregación. **"No reprendas al anciano, sino exhortale como a padre; a los más jóvenes, como a hermanos; a las ancianas, como a madres; a las jovencitas, como a hermanas, con toda pureza" (1 Timoteo 5:1-2).**

> **"Procura con diligencia presentarte a Dios aprobado, como obrero que no tiene de que avergonzarse, que usa bien la palabra de verdad" (2 Timoteo 2:15).**

"Porque el siervo del Señor no debe ser contencioso, sino, amable para con todos, apto para enseñar, sufrido; que con mansedumbre corrija a los que se oponen, por si quizás Dios les conceda que se arrepientan para conocer la verdad, y escapen del lazo del diablo, en que están cautivos a voluntad de él" (2 Timoteo 2:24-26).

(Pausa) *Padre: Ayúdame a frenar mi **lengua**, para que en el dia del juicio no sea hallado culpable de asalto con un arma mortal.*

El mejor mensaje que podemos dar es nuestro testimonio. A través de la historia, podemos ver que muchos hombres con sus teorías han cambiado la mentalidad de muchos. Pedro, por su manera de actuar, fue identificado inmediatamente con Cristo. El mismo Pablo dijo: "Sed imitadores de mí como yo de Cristo". En otras palabras, Pablo tenía a Cristo adentro de él; y en la medida que él influenciaba a la gente que lo rodeaba, lo empezaban a imitar.

El ejemplo máximo del cristianismo es el Señor. Es interesante que el cristiano sea exhortado a vivir como es digno de los santos. **"Que la recibáis en el Señor, como es digno de los santos, y que la ayudéis en cualquier cosa en que necesite de vosotros; porque ella ha ayudado a muchos, y a mí mismo" (Romanos 16:2).**

**"Yo pues, preso en el Señor, os ruego que andéis como es digno de la vocación con que fuisteis llamados" (Efesios 4:1).** Dios nos ha separado para que seamos luz. Dios quiere que seamos un canal de bendición para otros. Si logramos entender lo importante que es una conducta que refleje el amor de Cristo, entonces comenzaremos a influenciar positivamente a otros. Este mundo está lleno de dolor, enojo, y amargura. Dios nos ha dado su Santo Espíritu para que transmitamos gozo y esperanza a aquellos que no la tienen. Dios desea que podamos sentir lo que Él siente por la humanidad: una gran compasión. Así como Cristo tuvo compasión con las multitudes que le seguían, todavía sigue teniéndola con la humanidad en este tiempo. No podemos influenciar a otros, si no tenemos una convicción de lo que creemos y de lo que queremos.

> **"Por lo cual estoy seguro de que ni la muerte, ni la vida, ni ángeles, ni principados, ni potestades, ni lo presente, ni lo por venir, ni lo alto, ni lo profundo, ni ninguna otra cosa creada; nos podrá separar del amor de Dios, que es en Cristo Jesús, Señor Nuestro"** (Romanos 8:38-39).

Dios nos ha separado para que seamos modelos. No podemos influenciar a otros si no somos modelos. Cristo le dijo al Padre: **"Yo te he glorificado en la tierra; he acabado la obra que me diste que** hiciese"( **Juan 17:4).** Cristo es el modelo perfecto para seguir. Su forma de hablar era diferente. Es lo que más me agrada de expresar en este proyecto. **"Respondiendo Jesús, les dijo: 'Dad al Cesar lo que es del César, y a Dios lo que es de Dios'. Y se maravillaron de Él (Marco 12:17).** A esta gente le gustaba exhibirse, pero sus obras decían otra cosa de ellos. Así, hoy día, hay muchas personas. Dicen o profesan a Dios, pero con sus acciones lo niegan.

Si Cristo es nuestro modelo, otros aprenderán de nosotros, y comenzarán a pensar y a actuar diferente. De esta manera, el mundo comenzará a ser influenciado a una vida que imite al Señor. Debemos ministrar mensajes de vida. Podemos presentarles la esperanza de solución a las necesidades. Muchas personas, por causa de las ofensas y desprecios, han llegado a un nivel de autoestima tan bajo que hasta ellos mismos se desprecian. Si comenzamos con confesiones positivas y lecturas de vida, podemos restaurar a estas personas. En **Salmos 139:14 dice: "Te alabaré; porque formidables, maravillosas**

**son tus obras; estoy maravillado, y mi alma lo sabe muy bien."** Los animamos si con la palabra damos varios puntos como los siguientes:

- *Dios te hizo a ti especial.*

- *Tú eres su creación perfecta.*

- *Lo especial en ti es que tú eres parte de la familia celestial.*

- *Has sido escogido por Dios, Todopoderoso, para ser príncipe o princesa en su reino.*

- *Tienes todo el derecho real de allegarte a Dios, Nuestro Padre, el Rey. Dile a Dios cuanto le amas.*

- *Puedes decirle: Últimamente me he sentido triste, o he estado enfermo, o mi familia necesita una visita de parte tuya.*

- ¡Dios siempre está listo para escuchar a alguien especial, y esa persona eres tú!

- Tú eres irreemplazable. Nadie puede cambiar eso. Nadie te puede decir: "Fuera, salte. ¡NO!

- Dios te ha puesto en lugares celestiales, y es donde debes estar.

- Tú eres un ser original. No hay otro como tú. Así que cuando Dios te ve, Él dice: "Mi joya preciosa. ¡Qué maravillosa obra! ¡Mi hermosa creación!" Así te ve Dios.

- Dios creó quien Él quiso cuando te creó a ti.

Dios quiso alguien que le adorara. Alguien que no tuviera temor en decir a otros: "Cristo te Ama". A veces es difícil porque nos rechazan, pero lo más importante es, recuerda: Dios creó quien Él quiso cuando te creó a ti. Por eso eres especial, y nadie te puede quitar eso. Entonces damos referencias a

**Romanos 8:35 y 38-39.** Dios no creó otro como tú. Cuando estamos alrededor de muchas personas, vemos como muchos se comportan. Tratan de imitar a otros para verse mejor, o anhelan ser como otra persona para que los acepten o los quieran más. Dios te creó original, irreemplazable; eres especial. Dios quiere que seas tu propia persona. Cuando eres tu mismo, entonces eres quien Dios creó; lo que Dios creó y Dios dirá: "¡Bueno es!"

Si en verdad queremos impactar al mundo, tenemos que imitar a Jesús y aprender de Él. De otra manera, en vez de que el mundo nos imite a nosotros, nosotros vamos a imitarlos a ellos. Si estamos concientes de quienes somos, y a quien le servimos, y qué Dios espera de nosotros, y dejamos que Dios cumpla su deseo y propósito en nosotros; entonces podemos decir: **"Todo lo puedo en Cristo que me fortalece" (Filipenses 4:13).** Y el Espíritu Santo, que es nuestro ayudador, nos ayudará a mantenernos firmes para influir positivamente en la vida de otros.

Cuando somos ejemplo en palabras y hechos, entonces veremos la recompensa de las grandezas de Dios; y a las personas allegarse más al templo, y estar unidos como hermanos que somos.

# Sección C: GOBIERNE BIEN SU CASA

Presentar un mensaje, con el propósito de cambiar a otros, debe ser dirigido hacia nosotros primero, para que no seamos escándalo. Sobre todo, debemos mantener un testimonio limpio. Queremos tanto señalar y criticar, sin primero mirarnos a nosotros y nuestra condición. Sobre todo, queremos a Dios en nuestra casa. Nuestro deseo y confesión debe ser que Dios sea el que tenga dominio completo sobre nuestro hogar, nuestra vida y nuestro ministerio.

> **Palabra fiel: Si alguno anhela obispado, buena obra desea. Pero es necesario que el obispo sea irreprensible, marido de una sola mujer, sobrio, prudente, decoroso, hospedador, apto para enseñar; no dado al vino, no pendenciero, no codicioso de ganancias deshonestas, sino amable, apacible,**

**no avaro; que gobierne bien su casa, que tenga a sus hijos en sujeción con toda honestidad (pues el que no sabe gobernar su propia casa, ¿como cuidara de la iglesia de Dios?); Tambien es necesario que tenga buen testimonio de los de afuera, para que no caiga en descredito y en lazo del diablo., que guarden el misterio de la fe con limpia conciencia. Las mujeres asimismo sean honestas, no calumniadoras, sino sobrias, fieles en todo. 1 Timoteo 3:1-5; 7,9,11**

Todos los mensajes desde el altar por parte de pastores, deben ser inspirados por Dios y no creados por el hombre. Pues, el altar es de Dios, no del hombre, y de allí debe salir la palabra de Dios a través del hombre. Un mensaje de Dios puede molestar al mal, pero no al bien, y siempre es de utilidad y salvación a la gente congregada.

El testimonio es valioso cuando es sincero, pues los discípulos de Jesús arriesgaban su vida por dar testimonio de Cristo; porque habían visto y sabían que era verdad todo lo que defendían.

Gobernar o dirigir requiere de un especial interés por parte de quien lo va a hacer. Si no le intera su negocio, no lo va a atender debidamente. Los que desean ser llamados, sobre todo deben tener una relación íntima con Dios, y luego cuidar o gobernar bien su casa primero. Deben estar seguros del llamamiento. Veamos unos puntos más. Muchos se excitan cuando reciben profecías, pero la profecía no envía a nadie, sino confirma el llamamiento de Dios. Ni la iglesia, ni el pastor, llaman al ministerio. Ninguna iglesia puede enviar, sino forman, confirman, y luego respaldan en bendición. La iglesia va a respaldar el llamado genuino de Dios. El tiempo es muy crucial en el desarrollo del ministerio; nunca se debe adelantar a la voluntad de Dios. Nadie puede auto-llamarse al ministerio; es un asunto absoluto de Dios. **"Y**

**él mismo constituyó a unos, apóstoles; a otros, profetas; a otros, evangelistas; a otros, pastores y maestros" (Efesios 4:11).** Dios solo llama por soberanía propia, no por la intelectualidad del hombre.

¿Cuáles deben ser las características del llamamiento al liderazgo cristiano?

1 - Llamamiento a la salvación (Génesis 3:9; Isaías 45:22; Hechos 2:38,39)

2 - Llamamiento al servicio (Efesios 4:1; 1 Pedro 2:9; 1 Tess. 1:9)

Es un acto personal y específico. Es algo que se puede comprobar. El llamamiento al liderazgo puede ser parcial o total.

1 - parcial: obrero, laico, líder de células o de clases.

2 - tiempo completo: pastor.

Recordemos que es Dios quien nos llama, pero Él ha establecido una estructura para canalizar nuestro llamamiento. El liderazgo cristiano se desarrolla dentro de la estructura de la iglesia; de otra manera andaríamos por nuestra cuenta y a nuestra manera.

Otras formas de llegar a liderazgo

1 - por elección

2 – por nombramiento

Existen por lo menos tres peligros en el proceso de nombramiento:

a) favoritismo

b) falta de información

c) ventajas secretas que sólo el que
nombra lo sabe

Algunos son líderes por iniciativa propia; sin embargo, tienen que tener su base en la palabra de Dios. Un líder debe someter su iniciativa a la organización que representa. Algunos son líderes por heredad (hijo/hija); no obstante, el que lo hereda debe también recibir un llamamiento.

# Conclusion

Esta tesis es la expresión interna, emocional, personal y espiritual de un alma que experimentó tantos abusos y desprecios en el cuerpo de Cristo. Aquí quiero dar el comienzo a un despertar en las congregaciones que practican el desprecio, el maltrato y la distinción entre las personas: sean miembros o visitantes. He apreciado el amor y respeto brindado en varias congregaciones, pero he sufrido lo que desearía que otros no sufrieran. Es mi deseo que este proyecto llegue al corazón de muchos líderes de grupos, y despierten a la realidad que Dios es amor; y no un Dios dictador.

Las experiencias son un instrumento de aprendizaje. A través de éstas experiencias, tomamos la decisión de continuar como estábamos o de mejorar. En las experiencias negativas buscamos la manera de superar el presente y evitar que nos suceda lo mismo. Si en verdad aprendimos algo y tenemos amor para el prójimo, hacemos todo lo posible para ayudar a otros para que no sufran lo que ya hemos sufrido.

El líder -- sea pastor, maestro o encargado de grupo, entre otros -- debe sentir compasión por su gente y fijarse en los sentimientos para no abusar. Dios envió a su Espíritu para ser nuestro consolador, pero le damos la tarea de trabajar "over-time", o más de la cuenta, cada vez que maltratamos al prójimo. Muchos nos levantamos y nos superamos, pero hay otros que no quieren ver un templo ni en pinturas.

Es triste que pongamos a Dios como un desconsiderado. Somos responsables de llevar el Evangelio con amor, ¡y eso es Dios!

La mayoría de los jóvenes con los cuales me crié, hoy no le sirven a Dios o están muertos. Los maltratos e injusticias hechas hacia nosotros llevaron a éstos jóvenes a una vida desordenada.

Muchos hogares fueron destruidos a causa de las injusticias. Las mujeres en la misma congregación eran verbalmente ofendidas. Dios es amor, Dios no abusa, ni maltrata a nadie. Mi espíritu se conmueve dentro de mí. Me molesto cuando veo aún hoy día las injusticias, y como los partícipes de estos grupos ofenden sin compasión y distinción.

Éste proyecto me sirvió como instrumento para expresar lo que en mí llevaba por muchos años. Mi deseo es que pueda ser de ayuda a otros, en el concepto de administración eclesiástica.

# Recomiendo estos libros (escritos en inglés)

---

Bait of Satan [Aprenda sobre las ofensas].
John Bevere

Improving Your Serve. Charles R. Swindoll

Developing The Leader Within You [Desarollarse como líder]. John C. Maxwell

Me And My Big Mouth [Cuidado cuando abra la boca]. Joyce Meyer

The Authority Of The Believer [La autoridad que tiene el creyente] John C. Macmillan

I'm Trying To Sit At His Feet, But Who's Going To Cook Dinner?

Couldn't We Just Kill 'Em And Tell God They Died?

I Hope God's Promises Come To Pass Before My Body Parts Go South! Cathy Lechner

CPSIA information can be obtained
at www.ICGtesting.com
Printed in the USA
LVHW092349171221
706489LV00005B/433